Das bipolare ABC

Kirsten Stahlschmidt

Bibliografische Information der Deutschen Nationalbibliothek:
Die Deutsche Nationalbibliothek verzeichnet diese Publikation in der
Deutschen Nationalbibliografie; detaillierte bibliografische Daten sind
im Internet über http://dnb.dnb.de abrufbar.

Herstellung und Verlag: BoD – Books on Demand, Norderstedt

ISBN: 978-3-7578-0574-6

Eine bipolare Störung – auch manisch – depressive Erkrankung genannt – sind nicht einfach nur starke Stimmungsschwankungen. Es ist viel mehr. Ein Mensch mit einer bipolaren Störung fühlt intensiver, tiefer, fester.

Du hast dich bestimmt schon oft gefragt, was du in der einen oder anderen Situation tun kannst. Dafür gibt es keine generelle Lösung, bei jedem ist es anders. Der eine will seine Ruhe, der andere möchte in den Arm genommen werden. Ich kann dir nur Tipps und Anregungen geben. Vielleicht hilft es zu verstehen, vielleicht hilft es dem Betroffenen. Aber es gibt kein Allgemeinrezept! Was kannst du versuchen, wenn…?

Du solltest Sätze wie „Du musst versuchen…" oder „Du solltest mal…" vermeiden, der Betroffene kann es nicht, genau so wenig wie du deinen eigenen Ellenbogen nicht selbst küssen kannst. Diese Sätze bringen keinen weiter, im Gegenteil. Diese Sätze, Ratschläge können den Betroffenen eher noch trauriger oder wütend machen. Also lass sie lieber weg.

Ein Mensch, der eine bipolare Störung hat, trägt keinen Gips oder einen Verband, aber er ist trotzdem krank. Auch Sätze wie „Du siehst gar nicht krank aus" oder „Du bist doch ganz normal" helfen dem Betroffenen nicht. Oft wird auch gesagt „Jeder hat mal gute und schlechte Tage", auch das hilft keinem, ein bipolarer Mensch schwankt oft zwischen Manie und Depression, das hat nichts mit guten und schlechten Tagen zu tun. Es ist viel mehr.

<u>Angst (alles ist neu)</u>

Angst spielt bei einer bipolaren Störung eine große Rolle. Gerade am Anfang. Für den Betroffenen ist alles neu, genau wie für dich! Alles verändert sich, nichts ist mehr wie es war. Das ganze Leben wird auf den Kopf gestellt, oft kann der Betroffene nicht mehr arbeiten.

Er weiß selbst nicht was gerade mit ihm geschieht. In einer Manie sieht er auch nicht, dass er krank ist, er fühlt sich gut, es geht ihm blendend. Er hat große Pläne und Ziele und keinerlei Einsicht krank zu sein. Er versteht es nicht.

<u>Was kannst du versuchen?</u>

Es ist für Dich genau so neu wie für den Betroffenen. Er weiß auch nicht was jetzt passiert. ER hat Angst, die du ihm nicht nehmen kannst. Sei für ihn da, sei an seiner

Seite, versuche mit ihm darüber zu reden was gerade passiert.

Informiere dich über die Krankheit, ignoriere es nicht. Es gibt Stellen, die einem helfen, sprich den Arzt darauf an, dieser kann dir bestimmt Adressen geben, an die du dich wenden kannst.

Ängste

Angst ist ein häufiger Begleiter einer bipolaren Störung. Angst vor großen Menschenansammlungen, davor mit öffentlichen Verkehrsmitteln zu fahren. Die Angst jemanden zu verlieren.

Ängste die den Betroffenen alltäglich begleiten, wenn du z.B. eine kleine Reise unternimmst oder mit dem Motorrad fährst.

Angstzustände können den Betroffenen oft im Alltag sehr einschränken, seine Gedanken drehen sich nur um die Angst. Er kann an nichts anderes denken oder was anderes tun. Er kann sich nicht ablenken.

Was kannst du versuchen?

Du solltest diese Ängste nicht herunterspielen, sie belasten den Betroffenen sehr. Versuche ihn zu verstehen, versuche ihm zu helfen. Du kannst beispielsweise mit ihm zusammen mit dem

Bus zu fahren, um zu versuchen ihm die Angst davor zu nehmen, habe Geduld dabei, es muss nicht beim ersten mal funktionieren. Versuche ihm zu zeigen, dass er nicht allein ist.

Versuche ihm die Angst ein wenig zu nehmen, in dem Du Dich regelmäßig bei ihm meldest, wenn du unterwegs bist. Das beruhigt ihn ein wenig und zeigt ihm, dass du ihn und seine Ängste ernst nimmst.

Sage ihm nicht „Du musst keine Angst haben, mir passiert schon nichts", das hilf nicht, die Angst ist zu tief in ihm drin.

<u>Alleine / Einsam</u>

Ein Mensch mit einer bipolaren Störung fühlt sich oft alleine, auch wenn er viele Menschen um sich herum hat. Selbst auf Feiern, wo er mit Freunden zusammen ist, fühlt er sich einsam. Er steckt allein in seinem Körper mit dieser Krankheit. Auch wenn du immer für ihn da bist fühlt er sich allein, besonders, wenn er sich in einer depressiven Phase befindet.

<u>Was kannst du versuchen?</u>

Versuche dem Betroffenen zu zeigen das Du für ihn da bist, immer und überall. Sag ihm „WIR schaffen das ZUSAMMEN".

Nimm ihn in den Arm, wenn er es zulässt, nicht jeder möchte es. An einem Tag möchte er in Ruhe gelassen werden, am nächsten Tag möchte er deine Nähe spüren. Er wird es Dir nicht immer sagen was er gerade will, finde einen Weg herauszufinden, was er gerade will. Sprich vielleicht mit ihm ab, wie du erkennen kannst, was er gerade will.

Tue dies in vielen Dingen, um herauszufinden, was er wann will und was er nicht will.

Aggression / Wut

Während einer Manie kann es zu starken Aggressionen kommen. Der Betroffene wechselt seine Stimmung von super gut gelaunt in extrem aggressiv innerhalb von kürzester Zeit. Es kann sein, dass Du es nicht mitbekommst und dass es keinerlei Auslöser dafür gibt. Es kann zu Beleidigungen kommen, bis hin zu körperlicher Gewalt. Er greift Dich oder andere ohne Vorwarnung und Grund an. ER kann da nichts für und tut dies auch nicht mit Absicht.

Was kannst du versuchen?

Du kannst dich nicht darauf vorbereiten, es kommt einfach oft ohne Grund. Beobachte den Betroffenen, vielleicht erkennst du es, wenn seine Stimmung umschlägt. Sage ihm nicht „Beruhige dich" oder „Bleib ruhig"! Das macht ihn nur noch wütender. Schrei ihn nicht an, er meint das oft nicht so, was wer sagt oder was er macht, es tut ihm hinterher schrecklich leid.

Versuche, wenn er fremde Leute angreift dazwischen zu gehen, er soll sich nicht strafbar machen.

Er wird sich hinterher bei dir entschuldigen, nehme diese an, er meint das wirklich nicht so. Denk immer dran, er ist mit solchen Situationen auch überfordert, genau wie du!

Beschämt

Viele Betroffene schämen sich für ihre Krankheit. Sie versuchen sie zu verbergen, wollen nicht wahrhaben, dass sie eine psychische Krankheit haben. Sie wollen es nicht glauben, dass es sie getroffen hat. Sie verheimlichen es oft gegenüber anderen, suchen Ausreden, warum sie krankgeschrieben sind. Sie haben Angst vor der Reaktion der anderen.

Was kannst du versuchen?

Stehe zu dem Betroffenen, wenn er es nicht will, erzähle anderen nichts von seiner Krankheit. Bestärke ihn, er kann nichts dazu, er hat sich die Krankheit nicht ausgesucht. Versuche ihm die Scham zu nehmen. Zeige ihm Videos oder Berichte von Erkrankten, die offen mit ihrer Krankheit umgehen. Zeige ihm, dass er nicht allein ist. Versuche mit ihm in eine Selbsthilfegruppe zu gehen. Es gibt

auch Gruppen für Angehörige und
Betroffene, wo ihr zusammen hingehen
könnt.

<u>Chaotisch</u>

Menschen, die eine bipolaren Störung haben, sind oft chaotisch. Im Allgemeinen aber auch im Kopf. Sie schaffen es oft nicht ihren Haushalt alleine zu führen, sie fangen viel an und bringen nicht alles zu Ende. Ihre Wohnung ist oft nicht aufgeräumt.

Im Kopf sieht es genau so aus, nichts ist aufgeräumt, vieles ist durcheinander! Die Gedanken rasen.

<u>Was kannst du versuchen?</u>

Hilf ihm im Haushalt, räume auf, kümmere dich um finanzielle Sachen. Der Betroffene schafft das meistens nicht alleine, versuche Verschuldungen zu vermeiden. Der Betroffene verursacht das Chaos nicht mit Absicht. In einer Manie beispielsweise fängt er alles an, bringt aber nichts zu ende. Unterstütze ihn in seinen Plänen, wenn er zu Beispiel seinen Kleiderschrank ausmisten will. Es kann passieren, dass der Betroffene den Schrank ausräumt und dann nicht weitermacht, bringe es mit ihm zusammen zu ende. Er macht es gerne mit dir zusammen.

In einer Depression wird er im Haushalt oder auch finanzielle Dinge überhaupt nicht erledigen, unterstütze ihn dabei, er hat nicht die Kraft es zu erledigen.

Den Kopf kannst du nicht aufräumen, du wirst meistens seinen Gedanken nicht folgen können.

<u>Depression</u>

Eine Depression ist mehr als nur traurig zu sein. In einer Depression hat der Betroffene viele
Gefühle und auch körperliche Beschwerden. Hier eine kleine Auflistung:

- Antriebslos
- Grübelzwang
- Gedrückte Stimmung
- Gleichgültigkeit
- Zukunftsängste
- Isolierung / soziale Kontakte meiden
- Überempfindlich gegenüber Zurückweisungen
- Nicht sehr gesprächig
- Wutanfälle
- Selbstkritisch
- Schuldgefühle
- Erhöhte Müdigkeit
- Verminderte Konzentration und Aufmerksamkeit
- Verminderte Leistungsfähigkeit
- Vergesslichkeit
- Interessenverlust / Freudlosigkeit
- Pessimismus

> Suizidgedanken und Handlung
> Körperliche Beschwerden wie: Schlafstörung, Libidoverlust, Appetitstörung, Verstopfung, schwere Arme und Beine, vermehrter Alkoholverlust, vernachlässigte Hygiene

Was kannst du versuchen?

Ein Mensch, der eine Depression hat, will meistens alleine sein, seine Ruhe haben. Er will niemanden um sich haben. Lass ihn nicht allein, sei für ihn da. Du alleine schaffst es nicht ihn aus der Depression zu holen. Ziehe einen Arzt hinzu, der Betroffene wird meistens auch Medikamente benötigen.

Erledige allgemeine Dinge für ihn, er schafft es alleine nicht. Versuche ihm seine Schuldgefühle zu nehmen, er kann nichts dafür.

Zwinge ihn zu duschen oder zu baden, oft fühlt er sich danach frischer.

Versuche mit ihm unter Menschen zu gehen, hole ihn aus seiner Höhle raus.

Unterhalte dich mit dem Betroffenen, erzähle ihm schöne Sachen, rede mit ihm über schöne Erlebnisse, wie zum Beispiel vom letzten Urlaub oder das letzte Fest, wo ihr wart.

Zeige ihm wie wertvoll das Leben ist, wie wertvoll er ist. Zeige ihm wie wichtig er ist.

Aber bedränge ihn nicht dabei, gehe langsam und vorsichtig an ihn heran, er ist sehr empfindlich.

Distanzlos

Ein manischer Mensch ist oft distanzlos, sie verlieren jede soziale Distanz. Er geht auf fremde Menschen zu, als ob er sie schon jahrelang kennt. Erzählt fremden Menschen oft intime, private Dinge. Er versucht vielleicht fremden oder auch bekannten Leuten zu helfen; nicht immer wollen diese Leute seine Hilfe. Er drängt sich anderen förmlich auf. Er erkennt die Grenzen nicht mehr. Die Grenze zwischen, das es völlig in Ordnung ist, das zu tun oder zu sagen, das macht man nicht oder erzählt man nicht.

Was kannst du versuchen?

Was kannst du tun, wenn der Betroffene auf Fremde zugeht? Tja, nicht viel, er wird sich von keinem was sagen lassen, er ist manisch! Du kannst versuchen, ihn zu bitten, gewisse Dinge nicht zu erzählen. Er wird es nicht so schlimm sehen, er wird dir wahrscheinlich sagen, du sollst dich nicht so anstellen, es wäre doch nicht so schlimm.

Wenn es um die Hilfe bei Fremden geht, versuche ihn davon abzuhalten für den Fremden Geld auszugeben.

Es ist schwer irgendwas zu tun, da der Betroffene manisch ist und nicht einsieht, dass er irgendwas falsch macht. Für ihn ist alles richtig.

<u>Eingeengt</u>

Jemand mit einer bipolaren Störung kann sich während einer Manie sowie während einer Depression eingeengt fühlen.

Während einer Manie beispielsweise, wenn du versuchst ihn festzuhalten, indem du ihn bittest, mit Dir zuhause zu bleiben oder eine gewisse Sache, die er vor hat nicht zu machen.

Während einer Depression ist es genau anders herum, er kann sich eingeengt fühlen, wenn du versuchst, ihn zu Sachen zu bewegen, die er nicht machen möchte.

<u>Was kannst du versuchen?</u>

Bedränge ihn nicht!

Während einer Manie kannst du ihn nicht halten. Der Betroffene will raus, sich bewegen. Er will seine Pläne durchsetzen und erreichen. Solltest du versuchen ihn davon abzuhalten, kann seine Stimmung umschlagen und er kann aggressiv werden, es kann zu einem großen Streit kommen.

Während einer Depression solltest du ihn nicht bedrängen, wenn er etwas nicht möchte, zwinge ihn nicht dazu.

Euphorisch

Während einer Manie ist der Betroffene in vielen Dingen sehr euphorisch. Er begeistert sich schnell für viele Dinge. Er hat große Pläne, glaubt alles erreichen zu können. Er versucht alle seine Pläne und Ziele durchzusetzen. Seine Begeisterung ist riesengroß! Seine Euphorie ist grenzenlos, für alles. Er wird versuchen dich von allem zu überzeugen woran er glaubt.

Was kannst du versuchen?

Versuche ihn in seiner Euphorie zu unterstützen, achte aber darauf, dass es nicht in einen Wahn umschlägt. Ihn von seinen Plänen und Zielen abzuhalten macht nicht viel Sinn, er ist überzeugt von sich. Achte darauf, dass er sich nicht verschuldet, dass er sich in seiner Euphorie für seine Pläne nicht verschuldet, in dem er z.B. einen großen Kredit aufnimmt.

Achte auf ihn, dass die Euphorie nicht in eine Besessenheit, in einen Wahnsinn umschlägt.

Versuche nicht ihm alles auszureden, dass wird ihn wütend machen und er könnte sich von dir abwenden, den Kontakt zu dir abrechen. Das willst du nicht.

Ziehe im Notfall einen Arzt zu rate.

<u>Fremd</u>

Ein Mensch, der sich in einer Manie oder Depression befindet, ist oft nicht er selbst. In einer Manie verhält er sich oft nicht so, wie du ihn kennst, er ist vielleicht viel aktiver als sonst, redseliger. Siehe unter „Manie" nach, wie er sich dort verändern kann. Ebenso unter „Depression". Er verhält sich anders als du ihn kennst. Als ob er ein völlig Fremder ist.

Er ist fremd im eigenen Körper. Er erkennt sich vielleicht selber nicht.

<u>Was kannst du versuchen?</u>

Er wird dir völlig fremd sein. Er verhält sich anders als vor der Krankheit oder in den Phasen, in denen er stabil ist. Er verändert sich in den Phasen. Es kann passieren, dass er sich von dir entfremdet, dass du das Gefühl hast, einen ganz anderen Menschen vor dir zu haben. Lass ihn nicht alleine, er ist sich im Moment selbst fremd. Rede mit ihm über seine Veränderung, vielleicht merkt er es selbst auch. Aber, sei vorsichtig, gerade während einer Manie sieht er es nicht, es geht ihm gut, für ihn ist alles in Ordnung. Für ihn sind seine Veränderungen richtig.

Während einer Depression musst du sehr vorsichtig sein, der Betroffene ist jetzt sehr empfindlich, er könnte sich verletzt fühlen, wenn du ihm sagst, dass er sich verändert hat.

Keine Angst, sind diese Phasen wieder vorbei, ist er wieder ganz der „alte".

Gelähmt / Ausgepowert

Bei einer bipolaren Störung muss der Betroffene meistens starke Medikamente nehmen. Medikamente, die eine Manie oder Depression unterdrücken. Sie sollen ihm helfen, stabil zu bleiben. Sie stellen ihn teilweise „ruhig". Die Medikamente sind oft sehr stark. Sie lähmen den Betroffenen, sie bremsen ihn aus. Nicht nur der Bewegungs- und Rededrang wird unterdrückt, auch der Kopf. Das Gedankenrasen wird unterdrückt. Das schwächt den Betroffenen. Er kann vieles nicht mehr machen, er ist sehr müde und er schläft viel. Er fühlt sich wie in einer Glocke, schafft nichts.

Was kannst du versuchen?

Du kannst ihm nicht viel helfen, er ist einfach zu schwach. Hilf ihm im Haushalt, er schafft ihn im Moment nicht alleine. Er hat keine Kraft, keine Kraft aufzustehen. Verlange nicht viel von ihm, er kann nichts dafür, die

Medikamente sind zu stark. Wenn er sie aber nicht nimmt, fällt er in eine Phase. Entweder Manie oder Depression und das willst weder du noch er.

Du kannst versuche, mit ihm rauszugehen, mit ihm einkaufen oder einen Spaziergang machen, zwinge ihn aber nicht. Sei einfach für ihn da und unterstütze ihn. Frage ihn, was du für ihn tun kannst, er vernachlässigt viel.

Geschwächt

Nach einer Manie ist ein Betroffener oft sehr geschwächt. Er ist schlapp und müde. Er muss nicht zwangsläufig depressiv sein. Eine Manie schwächt den ganzen Körper. Den Kopf vom ständigen Gedankenrasen, von den vielen Ideen und Plänen. Den Körper vom ständigen Bewegungsdrang. Eine Manie ist sehr anstrengend. Der Kopf und der Körper stehen unter Strom, sind ununterbrochen in Bewegung. Der Betroffene wird viel schlafen und seine Aktivitäten sind sehr eingeschränkt. Er muss sich ausruhen und neue Kräfte sammeln. Die Erholung von einer Manie kann lange dauern, je nach Schwere der Manie sogar Jahre.

Was kannst du versuchen?

Habe Verständnis für den Betroffenen, dass er müde ist, keine Lust hat etwas zu unternehmen. Er hat während seiner Manie genug unternommen. Unterstütze ihn, helfe ihm im Haushalt und anfallenden Dingen im Alltag. Sei nicht böse auf ihn, wenn er mit dir nicht unternehmen will, er muss sich erholen.

Die Erholung von einer Manie kann länger dauern als die Manie an sich.

Stelle dir vor, du hast tagelang nicht geschlafen und bist in dieser Zeit mehrere Marathons gelaufen. So fühlt sich der Betroffene jetzt.

Sein Kopf ist leer und muss sich erstmal wieder langsam füllen.

Gib ihm die Zeit, sich zu erholen.

Hilflos

Der Betroffene fühlt sich hilflos, er kann nichts gegen die bipolare Störung machen. Er steht vor einer großen Herausforderung mit dieser Krankheit leben zu müssen und weiß, gerade am Anfang, nicht wie er es schaffen soll. Er befindet sich gerade am Anfang in einem Loch, wo er nicht weiß, wie er da wieder rauskommen soll, alleine und völlig hilflos.

Was kannst du versuchen?

Zeig ihm, dass er nicht alleine ist. Du wirst genauso hilflos sein, wie er. Informiere dich über diese Krankheit, gehe mit ihm zusammen zum Arzt, du kannst den Arzt fragenstellen. Sieh dir Berichte an, lese Beiträge und Bücher über diese Krankheit. Gehe vielleicht in Foren oder Gruppen und lass dir Tipps geben, wie andere damit umgehen. Seinen Partner, Freund oder Angehörigen so hilflos zu sehen ist schwer, aber gemeinsam wachst ihr in diese Krankheit hinein.

Bedränge den Betroffenen nicht, er braucht genau wie du Zeit, um damit umzugehen.

<u>Hygiene</u>

Während einer Depression vernachlässigt ein Mensch oft (sehr oft) die körperliche Hygiene. Er duscht oder badet nicht mehr, er wäscht sich nicht mehr. Er trägt tagelang die gleichen Sachen. Ihn selbst stört es nicht, dass er eventuell stinkt oder dreckig ist. Sein körperliches Wohlbefinden ist sehr schlecht, er fühlt sich nicht wohl.

Auch die Hygiene in seiner Wohnung wird er vernachlässigen. Er wird seine Wohnung nicht putzen. Eventuell wird in der Küche nicht aufgeräumt, dreckiges Geschirr stapelt sich in der Spüle oder steht irgendwo in der Wohnung herum.

<u>Was kannst du versuchen?</u>

Bitte ihn zu duschen oder zu baden, sei aber vorsichtig dabei, er ist sehr empfindlich, er kann sich dadurch angegriffen fühlen. Gehe langsam dran, frage ihn z.B. wann er das letzte mal geduscht oder gebadet hat. Sag ihm nicht, dass es ihm danach besser geht, denn das wird es nicht. Sag ihm höchstens, dass er sich dann „frischer" fühlt. Bedenke aber, durch eine Dusche oder durch ein Bad geht eine Depression nicht weg.

Hilf ihm im Haushalt, räume für ihn oder mit ihm auf. Es kann sein, dass er dir nicht helfen will oder besser, dass er dir nicht helfen kann! Wenn er es könnte, hätte er es schon längst getan.

Ideenflucht / Gedankenrasen

Gerade während einer Manie hat ein Mensch mit einer bipolaren Störung viele Ideen, sehr viele Ideen. Geradezu eine Ideenflucht. Die Gedanken rasen. Er kommt seinen Ideen meistens selbst nicht hinterher. Ein Gedanke, eine Idee jagt die nächste. Sein Kopf bleibt nicht stehen, bleibt nicht still. Er ist von allen Ideen begeistert, will sie am liebsten alle umsetzen und das am besten sofort und alle gleichzeitig.

Was kannst du versuchen?

Woran merkst du diese Ideenflucht, dieses Gedankenrasen? Du wirst es ihm nicht unbedingt ansehen, er ist oft in einen Ideen und Gedanken gefangen. Wenn er anfängt alle seine Ideen auszusprechen, wirst du es merken. Er wird nicht jeden Satz zu Ende bringen. Er wird mitten im Satz das Thema wechseln und er wird sehr schnell reden. Daran erkennst du, dass seine Gedanken im

Kopf rasen. Du kannst nicht viel machen, du kannst ihn nicht verstehen. Unterbrich ihn nicht, dass wird keinen Sinn machen, er wird einfach weiterreden. Wenn er seinen Gedanken rausreden will, kommst du nicht dazwischen, lass ihn reden. Er wird gegen seine Manie Medikamente bekommen, warte bis sie wirken, dann wird auch sein Kopf langsamer. Vermeide Sätze wie „Du musst mal abschalten" oder „Rede mal weniger/langsamer", sie bringen nichts. Dass kann er nicht, auch wenn er noch so sehr dagegen ankämpft. Eventuell könnten Entspannungsübungen helfen. Schlage ihm vor es mit ihm zusammen zu machen aber versprich dir nicht zu viel davon.

Interessenlos

Während einer Depression ist ein Betroffener interessenlos. Er hat keine Lust, zu nichts. Seine Hobbys, seine Lieblingsserie, seine Freunde, nichts interessiert ihn. Er hat nicht die Kraft, irgendetwas zu machen. Körperlich nicht und auch nicht im Kopf. Der Kopf interessiert sich für nichts. Er kann sich auch auf nichts konzentrieren.

Was kannst du versuchen?

Zwinge ihn nicht, irgendetwas zu tun. Sätze wie „Das hast du doch immer so gerne gemacht" oder „Du magst das doch" bringen nichts. Er möchte nur dasitzen und nichts tun. Du kannst die tollsten Vorschläge machen, es wird nichts bringen, es interessiert ihn einfach nicht.

Bedränge ihn nicht, das kann ihn wütend oder traurig machen. Du hast keine andere Wahl als abzuwarten, bis sein Interesse zurückkommt, die Depression wird irgendwann enden. Gemeinsame Hobbys solltest du eventuell alleine weitermachen, wenn dies möglich ist. Er wird dir nicht böse sein. Du musst auch an dich denken und versuchen dich zwischendurch abzulenken, mit Dingen die dir Spaß machen.

Isolierung

Ein depressiver Mensch geht meistens nicht vor die Tür, trifft sich nicht Freunden oder anderen Leuten. Er isoliert sich, er bricht jeden sozialen Kontakt zu anderen ab. ER will nur alleine sein, am liebsten in seinen eigenen vier Wänden. Er igelt sich förmlich zuhause ein.

Was kannst du versuchen?

Sei viel bei ihm, unterhalte dich mit ihm. Mit ihm was zu unternehmen wird nicht funktionieren, er will nicht rausgehen. Wenn du nicht mit ihm zusammenlebst, gehe ihn oft besuchen aber wundere dich nicht, wenn er die Tür nicht öffnet, er will alleine sein, er will seine Ruhe haben.

Sei einfach für ihn da, sage ihm es auch „Ich bin für dich da!"

Kalt / gefühllos

Jemand mit einer bipolaren Störung muss meistens Medikamente nehmen. Oft Antidepressiva oder sogenannte Stimmungsstabilisatoren. Diese Stimmungsstabilisatoren sollen eine Manie oder eine Depression verhindern, sie sollen „stabil" machen. Unter diesen Medikamenten kann der Betroffene oft gefühllos werden. Er kann keine große Freude oder Trauer empfinden. Er ist gefühlsmäßig kalt. Seine Gefühle werden unterdrückt. Er kann die Gefühle nicht nach außen zeigen.

Was kannst du versuchen?

Wundere dich nicht über seine Reaktionen in einer gewissen Situation. Wenn du ihm z.B. eine Freude machen willst, ihm was mitbringst, worüber er sich immer gefreut hat, kann es sein, dass er dieses mal keine große Freude zeigt. Aber er freut sich darüber, sei dir dessen bewusst, sei nicht enttäuscht.

In einem Trauerfall, kann er vielleicht seine Trauer nicht zeigen, vielleicht nicht weinen. Er könnte eventuell komisch reagieren und z.B. sagen „och, das ist aber traurig" in einem monotonen Ton. Sei ihm nicht böse, er fühlt die Trauer im Moment nicht so stark wie du vielleicht.

Wenn sein Körper sich an die Medikamente gewöhnt hat und er wieder „stabil" ist, werden seine Gefühle auch wieder zurückkommen. Denk immer dran, er kann nichts dazu, er macht das nicht mit Absicht und will dich auch nicht verletzen.

<u>Kraftlos</u>

Während einer Depression oder nach einer Manie ist der Betroffene kraftlos. Er hat keine Kraft etwas zu tun, eventuell sogar noch nicht einmal die Kraft aufzustehen. In einer Depression will er seine Ruhe und liegen. Er schafft es nicht sich um irgendwas zu kümmern.

Nach einer Manie ist er ebenso kraftlos aber nicht zwangsweise depressiv. Einer Manie verbraucht eine Menge Kraft, körperlich wie auch geistig. Er braucht viel Ruhe und Schlaf.

<u>Was kannst du versuchen?</u>

Der Betroffene braucht jetzt deine Hilfe um Alltagsdinge zu erledigen. Einkaufen, kochen, aufräumen, er schafft es nicht. Nicht alleine. Unterstütze ihn im Alltag. Frage ihn, was du für ihn tun kannst. Sein Kopf ist leer, es kann sein, dass er dir diese Frage nicht beantworten kann. Formuliere deine Fragen direkt, so dass er vielleicht nur mit ja oder nein antworten muss. Frage ihn z.B. ob du die Wäsche aufhängen sollst, darauf kann er antworten. Frage nicht „was soll ich machen", er weiß es wahrscheinlich selber nicht. Vermeide Sätze wie „Du musst doch mal aufstehen" Wenn er das könnte, würde er das tun.

Leistungsstark / Tatendrang

Eine manische Person empfindet sich selbst als äußerst kreativ und extrem Leistungsstark. Sie hat ein sehr geringes Schlaf- und Erholungsbedürfnis. Schlafen ist für sie Zeitverschwendung in ihrem Tatendrang. Wenn der Betroffene gerade seinen schöpferischen Tätigkeiten nachgeht, räumt er die ganze Wohnung auf oder räumt sie sogar um. Er beschäftigt sich rund um die Uhr mit seinem Projekt, egal was. Es kann sich auch um kreative Projekte handeln oder um die Planung und Umsetzung anderer Projekte, wie zum Beispiel der Eröffnung eines Geschäftes oder einer Firma. Er leistet Dinge, die er sonst nicht schafft. Der Betroffene lässt sich in seinem Tatendrang nicht aufhalten.

Was kannst du versuchen?

Du kannst den Betroffenen nicht bremsen. Solltest du versuchen ihn zu stoppen oder aufzuhalten, kann es sein das seine Stimmung kippt und er wütend und / oder aggressiv wird.

Du kannst versuchen seinen Tatendrang in eine andere Richtung zu lenken. Unternimm was mit ihm, wo er sich auspowern kann, wo er sich bewegen kann.

Du musst abwarten bis die manische Phase vorüber ist, dann ist auch der Tatendrang vorüber. Eventuell wird die Leistungsfähigkeit, der Tatendrang durch Medikamente unterdrückt.

<u>Libidoverlust / gesteigerte Libido</u>

Als Libidoverlust bezeichnet man den Verlust der sexuellen Lust und des sexuellen Begehrens.

Ein Mensch in einer Depression verliert das Interesse an Sex. Er hat kein Verlangen danach.

Während hingegen in einer Manie die Libido gesteigert ist. Das ist unter anderem der Grund, warum viele während einer Manie ihrem Partner fremdgehen. Ihr sexuelles Verlangen ist sehr groß.

<u>Was kannst du versuchen?</u>

Hier kann ich dir leider keinen guten Rat geben, wie du damit umgehst, das musst du mit dem Betroffenen alleine klären. Gerade wenn es um das Thema Fremdgehen geht, geht jeder damit anders um.

Ich kann dir nur raten, im Vorfeld mit ihm darüber zu reden und eventuell Lösungen vorher zu finden.

Manie

Körper und Kopf stehen unter Strom. Der Betroffene hat die wildesten Ideen, er wird eventuell versuchen Firmen zu gründen, sich selbständig zu machen. Er hat die tollsten Ideen, teilweise mehrere gelichzeitig. Er wird versuchen alle durchzusetzen. Er ist von allem was er macht überzeugt.

Hier eine kleine Auflistung von typischen Symptomen, die ein Betroffener während einer Manie haben kann:

- Ein auffallendes Gefühl von Wohlbefinden
- Körperliche und seelische Leistungsfähigkeit
- Gehobene Stimmung
- Ein erhöhtes Selbstwertgefühl
- Größenideen, Größenwahn
- Schnelleres Denken, mehr Ideen und Pläne, Ideenflucht und Gedankenrasen
- Geistiger Antrieb, vermehrte körperliche Aktivität
- Heiterkeit, witzige Einfälle, vermehrtes Lachen

- Gesteigerte Gesprächigkeit und Geselligkeit, erhöhte Redegeschwindigkeit / starker Rededrang, keine Schüchternheit
- Verlust sozialer Hemmungen
- Körperliche Symptome
  - Vermindertes Schlafbedürfnis
  - Gesteigerte Libido/starker Sexualtrieb/gesteigerte Sexualaktivität
  - Appetitminderung
  - Wahrnehmungsstörungen (z.B. Farben sind besonders leuchtend)
  - Vermehrter Konsum von illegalen Drogen / Alkohol / Kaffee / Tabak
- Verstärkte Motivation am Arbeitsplatz
- Verstärkte soziale Aktivitäten
- Vermehrte Geldausgabe, ungezügeltes Einkaufen
- Vermehrte Ablenkbarkeit, man beschäftigt sich mit angenehmen Aktivitäten, vernachlässigt dadurch seine Pflichten
- Riskantes Geschäftsverhalten, unüberlegte Investitionen, Aufnahme von Krediten

- Unvorsichtiges und riskantes Autofahren, keine Konzentration auf den Verkehr
- Starke Ablenkbarkeit
- Ungeduld
- Erregbarkeit
- Unruhe
- Gereiztheit
- Aggressivität
- Verlust der Urteilsfähigkeit
- Übersteigertes Selbstwertgefühl, maßloser Optimismus

Was kannst du versuchen?

Es geht dem Betroffenen sehr gut, darum ist es sehr schwer ihn davon zu überzeugen, dass er krank ist. Er wird sich dagegen wehren, darum ist es wichtig, dass du die Hilfe holst, von Fachleuten, von Ärzten. Der Betroffene muss behandelt werden, auch mit Medikamenten, du kannst da nichts tun. Manchmal ist es nötig, dass der Betroffenen gegen seinen Willen in eine geschlossene psychiatrische Abteilung ins Krankenhaus eingewiesen werden muss um dort richtig behandelt zu werden. Auch wenn der Betroffene eventuell dir die Schuld dafür gibt und dich nicht sehen will, mach dir keine Vorwürfe, du hast alles richtiggemacht, er wird es einsehen, wenn es ihm wieder bessergeht. Der Betroffene sieht das in dem Moment nicht, da er nicht einsieht, dass er krank ist. Er wird dir hinterher sehr wahrscheinlich dankbar sein.

Melancholisch

Während einer Depression ist ein Betroffener sehr oft melancholisch. Er ist niedergeschlagen, bedrückt und traurig. Der Betroffene weint viel und lässt sich nicht gut beruhigen.

Seine Stimmung ist bedrückt, er ist traurig. Er ist deprimiert. Er ist regelrecht down.

Was kannst du versuchen?

Du kannst den Betroffenen aus seinem Tief nicht ganz herausholen. Du kannst ihm nur immer wieder gut zureden. Sag ihm, dass er nicht alleine ist, dass du für ihn da bist, dass du an seiner Seite bist.

Wenn er weint, versuche ihn zu trösten, nimm ihn in den Arm, wenn er das will und er das zulässt. Denke aber daran ihn nicht zu bedrängen. Viele Betroffene wollen ihre Ruhe haben und nicht reden, geschweige denn angefasst werden.

Versuche ihn aufzumuntern, sei aber nicht enttäuscht, wenn der Betroffene es nicht zulässt, es ist nicht deine Schuld.

<u>Nervös / Unruhig</u>

Gerade in einer Manie ist der Betroffene sehr unruhig und nervös. Er schaut sich oft um, er hat den ständigen Drang, sich bewegen zu müssen. Wenn er irgendwann mal sitzt, bewegt er unentwegt seine Beine, sie wippen durchgehend, ähnlich wie beim restless leg Syndrom. Er kann dagegen nichts tun, seine Beine bewegen sich von ganz alleine. Nicht nur seine Beine bewegen sich, es kann auch sein, dass seine Arme sich ständig bewegen. Seine Unruhe lässt ihn nicht lange sitzen, er muss sich bewegen, er muss stehen oder am liebsten laufen.

Er ist innerlich sehr nervös, es „bebt" förmlich in ihm. Er zittert innerlich.

<u>Was kannst du versuchen?</u>

Bitte sage ihm nicht, dass er zum Beispiel mal die Beine stillhalten soll oder das er mal sitzen bleiben soll, er kann es nicht, er kann dagegen nichts tun. Du kannst dagegen nichts tun. Der Betroffene ist manisch. Jetzt hilft nur noch der Arzt, eine Behandlung und Medikamente, die ihn ruhiger werden lassen.

Aber denke immer dran, zwinge ihn nicht, sich nicht zu bewegen, vermeide Sätze wie „Werde doch mal ruhiger" oder „Hör doch mal auf dich zu bewegen". Das hilft ihm nicht, das könnte ihn eventuell wütend machen. Er kann gegen die Nervosität und die Unruhe nichts machen.

Nutzlos

In einer Depression fühlt sich der Betroffene nutzlos. Er fühlt sich „fehl am Platz". Er ist davon überzeugt, dass er nichts kann und nichts weiß. Er denkt er ist für nichts zu gebrauchen. Er glaubt nichts zu schaffen. Auch wenn er mal was geschafft hat, glaubt er es nicht richtig gemacht zu haben. Er denkt im allgemeinen nichts richtig zu machen. Er sieht in allem was er macht nur das Negative.

Er ist davon überzeugt, dass man ohne ihn besser dran wäre.

Was kannst du versuchen?

Es ist schwer den Betroffenen davon zu überzeugen aber versuche ihm zu zeigen, wieviel er wert ist.

Unterstütze ihn in vielen Dingen, mache viel mit ihm gemeinsam um ihm zu zeigen wie wichtig er dir ist. (Koche zum Beispiel mit ihm zusammen)

Sage ihm, dass er nicht nutzlos ist, sage ihm, wie wichtig er dir und auch anderen ist, dass du ihn brauchst. Weise ihn auf Dinge hin, die er besonders gut kann (z.B. die Steuererklärung machen, sich um finanzielle Dinge kümmern, Essen kochen, die Wohnung sauber halten, sich um die Kinder kümmern oder im Beruf) und wie wichtig das für ihn und auch für dich ist.

Orientierungslos

In einer manischen Phase kann der Betroffene orientierungslos sein.

Es kann sein, dass er umherirrt, nicht weiß wo er ist. Er kann sich an einen ihm bekannten Ort befinden und nicht wissen, wo er ist.

Er läuft herum ohne Ziel, ohne Orientierung.

Er weiß nicht mehr wo er hinwill oder wo er herkommt.

Was kannst du versuchen?

Sei nicht zu streng mit ihm. Sage ihm nicht, „Du musst doch wissen wo du bist" oder „Du musst doch wissen wie du da hingekommen bist". Er weiß es nicht, solche Sätze helfen ihm nicht weiter.

Wenn er dich anruft und nicht weiß wo er ist oder nicht mehr weiß, wie er nach Hause kommt, mach ihm das Angebot, dass du ihn abholst. Wenn er nicht weiß wo er ist, versuche mit ihm zusammen herauszufinden, wo er ist. Anhand von Straßenschildern oder Geschäften kannst vielleicht herausfinden, wo er sich gerade befindet.

Beruhige ihn, sage ihm, er soll dort auf dich warten, du holst ihn ab.

Sei nicht böse auf ihn, er macht das nicht mit Absicht.

<u>Pessimistisch</u>

In einer depressiven Phase ist ein Betroffener meist pessimistisch.

Er sieht alles negativ, hat keine positive Hoffnung und keine positiven Erwartungen.

Er sieht alles schlecht.

Er glaubt nicht etwas Positives zu machen oder zu schaffen.

Er sieht in allem immer nur das negative, auch wenn es etwas Positives gibt oder geschehen ist.

Sätze wie „Es könnte aber auch…" sind in seinem Kopf verankert, er denkt immer nur an das Negative.

Positive Seiten sieht er nicht.

<u>Was kannst du versuchen?</u>

Sage ihm nicht, „Du musst doch mal das Gute daran sehen", das kann er nicht, seine Sicht ist auf Negativ gestellt.

Versuche ihm die positiven Dinge zu zeigen, durch Reden erreichst du bei ihm nichts.

Unternimm etwas Schönes mit ihm, zeige ihm die schönen, die guten Seiten.

Schuldgefühle

Schuldgefühle sind gerade während einer Depression ein großes Thema.

Ein Betroffener fühlt sich schuldig, für alles, dafür, was passiert, dass er nichts schafft. Er fühlt sich schuldig, dass er krank ist, dass gerade er an einer Depression, einer bipolaren Störung leidet.

Während oder nach einem Streit hat er das Gefühl, an allem Schuld zu sein.

Er sieht die Fehler nur bei sich.

Was kannst du versuchen?

Du kannst ihm das Gefühl an allem Schuld zu sein nicht nehmen, er ist davon überzeugt, egal wer Schuld hat.

Versuche ihm klar zu machen, dass er an der Krankheit keine Schuld hat, er hat es sich nicht ausgesucht daran zu erkranken.

Erkläre ihm, dass es jeden treffen kann, eine psychische Krankheit hat nichts mit der Religion, dem sozialen Status oder der Persönlichkeit zu tun. Man bekommt sie oder nicht, man kann nichts dagegen tun oder sich dagegen wehren oder vorzubeugen.

Also, denk daran, der Betroffene ist nicht schuld.

<u>Stress</u>

Stress tut keinem Menschen gut, aber besonders Menschen mit einer bipolaren Störung. Stress ist Gift für sie.

Alltagsstress, Berufsstress und auch Beziehungsstress können einen Betroffenen schnell in eine Manie oder auch in eine Depression jagen.

Während Beziehungsstress meist in eine Depression führt, führen Alltagsstress und besonders Berufsstress oft in eine Manie.

Ist der Betroffene manisch, empfindet er Stress meistens nicht, für ihn kann es nicht schnell genug gehen.

<u>Was kannst du versuchen?</u>

Versuche den Betroffenen von Stress fern zu halten, nehme ihm im Alltag viel ab. Plane mit ihm im Voraus, z.B., wenn ihr in den Urlaub fahren wollt, macht einen Plan, wann fahrt ihr los, was nehmt ihr mit, macht Listen, hilf ihm beim Packen und gib ihm Zeit, plane alles früh genug und mit genug Zeit, so dass er immer noch genug Zeit hat, falls er mit irgendwas nicht sofort zurechtkommt oder fertig wird.

Bei beruflichen Stress sollte der Betroffene, wenn es möglich ist, etwas kürzertreten, vielleicht einige Zeit halbtags arbeiten. Wenn der Betroffene in einer manischen Phase steckt, wird er nicht kürzertreten wollen. Versuche mit seinem Arzt zu reden, eventuell muss der Betroffene für einige Zeit krankgeschrieben werden.

<u>Suizidgedanken, -handlung</u>

Suizidgedanken sind während einer Depression nicht selten. Gerade wenn man keine Kraft mehr hat, die düsteren Gedanken siegen.

Nicht immer spricht der Betroffene über seine Gedanken, oft bemerkt man den Ernst der Lage erst, wenn der Betroffene einen Suizid vollzogen hat.

Der Betroffene denkt darüber nach, seine Gedanken drehen sich oftmals nur noch um den Suizid, er ist davon überzeugt, dass es sein letzter Ausweg ist, dass es besser für ihn und für seine Angehörigen ist. Er hat das Gefühl, dass er allen zur Last fällt.

<u>Was kannst du versuchen?</u>

Wenn du mitbekommst, dass ein Betroffener Suizidgedanken hat, dann ist es kurz vor zwölf. Er muss in ein Krankenhaus, wo ihm geholfen werden kann. ACHTUNG!! Spiele es nicht herunter, damit ist nicht zu spaßen. Handle schnell, bevor es zu spät ist. (Sage ihm, wie wichtig er dir und anderen ist.)

Wenn der Betroffene nicht freiwillig ins Krankenhaus will, lass ihn zwangseinweisen, sein Leben hängt davon ab. Er wird dir später, wenn es ihm besser geht, dankbar sein, auch wenn er das im Moment anders sieht. Es wird schwer, er wird sich dagegen wehren und er wird dich unter Umständen beschimpfen. Aber er meint das nicht so, er ist gefangen in seinen düsteren Gedanken.

Teilnahmslos

Ein Mensch ist, im Gegensatz zu einer Manie, in einer Depression oft teilnahmslos. Er ist zurückgezogen, beteiligt sich nicht an Gesprächen oder Aktivitäten.

Auf Feiern sitzt er oft teilnahmslos dabei, erzählt nichts und hört auch oft nicht einmal zu, er sitzt einfach nur da. Es fällt ihm schwer, den Gesprächen zu folgen. Auch wenn man ihn direkt anspricht, er kann es oft nicht aufnehmen.

Er hat keine Interessen.

Was kannst du versuchen?

Einen Betroffenen während einer Depression zu etwas zu bewegen ist sehr schwer. Er wird sich an nichts beteiligen wollen oder an Gesprächen teilnehmen wollen.

Zwinge ihn nicht, sich an Gesprächen zu beteiligen oder irgendwelche Aktivitäten zu unternehmen.

Sei ihm nicht böse, wenn er keine großen Gespräche mit dir führt. Auf Feiern solltest du ihn nicht zwinge sich einzubringen, er möchte vielleicht gar nicht da sein. Sei froh, wenn er überhaupt mitgekommen ist.

Er kann sich nicht konzentrieren, er wird auch einem Film nicht folgen können.

<u>Unnahbar</u>

In einer depressiven Phase ist ein Mensch mit einer bipolaren Störung sehr unnahbar, er ist auf Distanz bedacht, im Gegensatz zu einer manischen Phase, wo er manchmal sehr viel Nähe braucht.

Jeder Versuch einer Annäherung, wird mit kühler Zurückhaltung beantwortet. Er ist meistens gerade denen, denen er sehr nah steht, abweisend. Möchte nicht reden, nicht in den Arm genommen werden, jeder körperliche Kontakt wird von ihm zurückgewiesen.

<u>Was kannst du versuchen?</u>

Versuche dem Betroffenen nicht zu nahe zu komme, er will das im Moment nicht. Akzeptiere deine Distanz.

Wenn er von Dir Nähe benötigt wird er es dir sicherlich signalisieren.

Du kannst mit ihm vielleicht vorher (bevor er depressiv wird/ist) absprechen, wann du erkennen kannst, ob und wann er Deine Nähe benötigt.

Glaube nicht, dass er dich nicht mehr braucht, nur will er dich im Moment zurückweist, er braucht dich jetzt mehr als zuvor. Er braucht dein Verständnis.

<u>Unverstanden</u>

Jemand mit einer bipolaren Störung fühlt sich oft während einer manischen Phase sehr unverstanden. Jemand der von dieser Krankheit nicht betroffen ist, versteht oft den Betroffenen nicht, seinen Bewegungsdrang, seinen Rededrang.

Aber auch seine Pläne, seine Ziele verstehen Außenstehende sehr oft nicht. Der Bertoffenen fühlt sich dadurch unverstanden, er fühlt sich oft nicht ernstgenommen, für ihn ist alles in Ordnung.

Auch in einer depressiven Phase fühlt sich der Betroffene oft unverstanden. Ein Unbeteiligter kann oft nicht verstehen wie der Depressive sich fühlt, dass es ihm schlecht geht, dass er viel mehr hat, als nur traurig zu sein.

<u>Was kannst du versuchen?</u>

Habe Verständnis für den Betroffenen. Habe Verständnis dafür, dass er sich ständig bewegen muss, dass er viel redet. Verurteile ihn nicht, er kann nichts dazu. Belächle nicht seine Pläne und Ziele, sage ihm, dass du ihn verstehst, zeige Interesse, besonders in einer Depression, höre ihm zu.

Versuche zu verstehen, wie der Betroffene sich gerade während einer Depression fühlt, frage ihn, was er hat, versuche mit ihm zu reden, zeige Verständnis.

Frage ihn nach seiner Krankheit, lass dir von ihm erklären wie man er sich fühlt. Spiele seine Krankheit nicht herunter.

<u>Verletzbar</u>

Gerade in einer Depression ist der Betroffene sehr verletzbar. Worte und auch Gesten können ihn sehr verletzen.

Auch Taten können ihn verletzen. Er ist sehr sensibel, sehr einfühlsam. Er fühlt sehr intensiv, versteht auch oft falsch.

Lieb gemeinte Ratschläge kann er falsch verstehen.

Durch lautes Sprechen kann er sich angegriffen fühlen, er wird dir sagen, dass du ihn nicht anschreien sollst. Auch wenn du mit ihm normal gesprochen hast.

In vielen Situationen wird er weinen.

<u>Was kannst du versuchen?</u>

Sei vorsichtig, was du sagst und wie du es sagst. Vermeide Sätze wie „Du bist schuld daran, dass es Dir so schlecht geht", „Reiße dich doch mal zusammen", „Lass dich nicht so hängen", „Anderen Menschen geht es auch schlecht / geht es viel schlechter".

Du solltest folgende Sätze nicht zu ihm sagen:

„Man sieht dir garnichts an"

„Du bist doch sonst immer so gut drauf"

„Was dich nicht umbringt, macht dich stärker"

„Das Leben ist kein Ponyhof"

„Du hast Depressionen? Hätte ich nie gedacht"

„Das Leben ist nie fair"

„Jeder ist mal down"

„Du denkst immer nur an dich selbst"

„So gut wie du möchte ich es auch mal haben"

„Willst du jetzt ständig Krankfeiern?"

Wenn du ihm helfen willst, mache nicht einfach, frage ihn, ob er Hilfe braucht, aber sei vorsichtig, auch diese Frage kann ihn verletzten.

Eigentlich kann ihn alles verletzten, was du sagst, er ist einfach sehr empfindlich.

<u>Ziellos</u>

Ein Mensch, der manisch ist, hat einen starken Bewegungsdrang. Er läuft häufig ziellos umher. Er läuft ohne Ziel und ohne Grund. Wenn man ihn fragt, wo er hinwill, hat er oft keine Antwort, er will einfach nur laufen, sich bewegen. Er irrt förmlich umher.

Ein Mensch mit einer bipolaren Störung hat in einer Manie viele Pläne und Ziele. Ist er in einer Depression, ist er ziellos. Er hat keine Pläne und keine Ziele. Er Ist gedankenlos, planlos. Er sieht die Ziele nicht, die er erreichen kann.

<u>Was kannst du versuchen?</u>

Damit er während einer manischen Phase nicht völlig ziellos umherirrt, gib ihm Aufgaben. Schicke ihn einkaufen oder lass ihn Sachen erledigen, die er zu Fuß gut erreichen kann und die er erledigen kann. Ansonsten, lass ihn laufen, er muss seine Energie rauslassen. Wenn du versuchst ihn zu stoppen, kann er wütend werden und seine Energie schlägt in Aggressionen um, die er gegen dich richten kann. Das willst du nicht, und das will der Betroffene auch nicht.

Beschäftige ihn, damit er nicht umherlaufen muss.

Ist der Betroffene in einer Depression, versuche ihm kleine Aufgaben zu geben, die er erledigen kann. Wenn er ein Ziel erreicht hat, zeige ihm, dass er es geschafft hat und gebe ihm andere Ziele, die er erreichen soll. Aber sei vorsichtig, fang mit kleinen Zielen an, wie z.B. die Spülmaschine ausräumen.

Dräng ihn nicht, er glaubt nicht an sich. Wenn er ein Ziel nicht erreicht, motiviere ihn weiter zu machen. Aber erwarte nicht zu viel von ihm, für ihn ist alles sinnlos.

Schlusswort

Ich habe in diesem kleinen „Ratgeber" nur ein paar Dinge aufgezählt, die ein Mensch mit einer bipolaren Störung fühlt und durchläuft. In den verschiedenen Phasen, in einer Manie oder einer Depression, kann ein Betroffener intensiver, als in stabilen Phasen fühlen.

Gerade während einer manischen Phase ist alles extremer, schneller.

In einer Depressiven Phase alles langsamer.

Ich hoffe, ich konnte einen kleinen Einblick in diese Krankheit und die Gefühle bringen und vielleicht eine paar Anregungen für Angehörige, Partner, Freunde etc. geben, wie man sich verhalten kann.

Vielleicht versteht ein Außenstehender ein wenig den Betroffenen besser.

Wie schon am Anfang gesagt, es gibt kein Allgemeinrezept, bei jedem verläuft die Krankheit anders, jeder reagiert anders. Es sind nur Tipps, die man versuchen kann. Am Ende muss jeder seinen eigenen Weg finden.

Versuche, einen Weg gemeinsam zu gehen.